LE CARDINAL
GODEFROY SAINT-MARC

Archevêque de Rennes

NOTICE BIOGRAPHIQUE
ET COMPTE-RENDU DES CÉRÉMONIES

A l'occasion de sa promotion au Cardinalat

PAR

Louis TIERCELIN

Avocat

Membre de l'Académie de Pic de la Mirandole

PRIX : 50 CENT.

RENNES
J. VERDIER, LIBRAIRE-ÉDITEUR
5, rue Motte-Fablet 5.

1875

LE CARDINAL
GODEFROY SAINT-MARC

Rennes. — Imprimerie P. Bazouge fils et Cie.

LE CARDINAL
GODEFROY SAINT-MARC

Archevêque de Rennes

NOTICE BIOGRAPHIQUE
ET COMPTE-RENDU DES CÉRÉMONIES

À l'occasion de sa promotion au Cardinalat

PAR

Louis TIERCELIN

Avocat

Membre de l'Académie de Pic de la Mirandole

PRIX : 50 CENT.

RENNES

J. VERDIER, LIBRAIRE-ÉDITEUR

5, rue Motte-Fablet 5.

1875

I.

Les Prédécesseurs du Cardinal Saint-Marc.

Le samedi 18 septembre, un télégramme de Rome apportait à l'Archevêché de Rennes la nouvelle de la promotion de Monseigneur Godefroy Saint-Marc à la dignité de Cardinal de la sainte Eglise Romaine.

Le bourdon de la cathédrale, celui de Notre-Dame et les cloches des églises et chapelles de la ville, mêlant leurs joyeuses sonneries, annoncèrent aussitôt aux Rennais, pieusement réjouis, que leur compatriote et leur Archevêque venait d'être élevé à l'insigne honneur du Cardinalat.

Avant de commencer la biographie du nouveau prince de l'Eglise, nous croyons intéressant de dire quelques mots des Evêques de Bretagne, qui furent, avant lui, revêtus de la pourpre. Ils sont, dans l'histoire de notre pays, les prédécesseurs et pour ainsi dire les aïeux illustres du vénéré prélat à qui Rome vient d'accorder la plus haute faveur à laquelle un homme puisse prétendre.

Nous empruntons leurs noms à une remarquable étude de M. l'abbé Mével, du diocèse de Quimper. Ce sont :

Jean de Lorraine, évêque de Nantes.

Charles de Bourbon, évêque commendataire de Nantes.

Philippe de la Chambre, évêque de Quimper.

Nicolas Cajetan Sermonetta, évêque de Quimper.

Cybo, administrateur du diocèse de Vannes.

Laurent Pucci, évêque de Vannes.

Antoine Pucci, neveu et successeur du précédent.

Alain de Coëtivi, évêque commendataire de Dol.

Louis de Bourbon, évêque de Tréguier.

Raphaël, neveu du pape Paul II, évêque de Tréguier.

Hippolyte d'Este, évêque de Tréguier.

Armand d'Ossat, évêque de Rennes.

Guillaume Briçonnet, évêque de Saint-Malo.

Guillaume de Montfort, évêque de Saint-Malo.

Robert Guybé, évêque de Rennes et de Nantes.

Pierre de Foix, évêque de Vannes.

Les douze premiers, à l'exception d'Alain de de Coëtivi, sont des étrangers et ne sont jamais venus en Bretagne.

Guillaume Briçonnet et Guillaume de Montfort, Bretons tous les deux, n'ont pas revu leur pays après leur promotion au Cardinalat.

Robert Guybé et Pierre de Foix, sont les deux seuls cardinaux qui aient résidé en Bretagne. Le premier seul est Breton.

Nous ne nous arrêterons pas sur chacun des seize prédécesseurs de Monseigneur Saint-Marc. Plusieurs d'entre eux portent des noms illustres; quelques-uns se sont signalés par leur zèle pour les intérêts de l'Eglise. Parmi ces prélats, nous citerons le cardinal de Lorraine, frère du duc de Guise, Charles de Bourbon, Philippe de la Chambre, de la Maison de Savoie, Hippolyte d'Este, fils d'Alphonse I, duc de Ferrare et de Lucrèce Borgia.

On sait le rôle important joué dans les guerres de la Ligue par Charles de Bourbon, cardinal de Vendôme, « *bon prince, zélé catholique et fort animé contre les calvinistes.* » Un moment ce cardinal, évêque de Nantes, put se croire roi de France, sous le nom de Charles X.

Guillaume Briçonnet, créé cardinal du titre de Sainte-Potentienne (16 janvier 1495) dans un consistoire tenu en présence de Charles VIII, roi de France, Alexandre VI étant pape, prit à cette occasion le titre de cardinal de Saint-Malo, dont il était évêque. Ses contemporains le regardaient comme un homme d'une grande habileté. Il fut surintendant des finances en France. C'est lui, dit-on, qui composa le premier ces recueils de prières connus sous le nom de Livres d'Heures.

Guillaume de Montfort, fils de Raoul, sire de Montfort et de Gaël, fut pourvu de l'évêché de Saint-Malo, le 13 octobre 1423, par le pape Martin V. Il reçut de ce pape une commission pour dissoudre le mariage de Louis, fils du roi d

Sicile et d'Isabeau de Bretagne. Il mourut à Vienne le 27 septembre 1432.

Pierre de Foix, frère de la duchesse de Bretagne, femme de François II, fut évêque de Vannes. Il prit le parti des seigneurs bretons révoltés contre le duc et son favori, le trésorier Landais, et se trouva compris dans l'amnistie que ce prince accorda aux rebelles ; mais se fiant peu aux promesses du duc de Bretagne, il se retira à Rome où il mourut.

Robert Guybé, évêque de Rennes, puis de Nantes, cardinal du titre de sainte Anastasie, était neveu de Pierre Landais, ce garçon tailleur dont le duc de Bretagne avait fait son ministre et son favori.

« Robert, dit d'Argentré, fut de très bon esprit et sçavant homme, évêque de Nantes et tel que le duc l'envoya en ambassade devers le pape Innocent huictième à son advenement pour baiser les pieds de Sa Saincteté, et exhiber l'obéissance, où il se monstra si bien qu'il se fit connoistre et se trouve encor son oraison latine. Et par la faveur de son maistre devint estant fort jeune d'ans cardinal du tiltre de sainct Anastase. En l'an mil cinq cens cinq mourut soubs Léon dixiesme, fut du conseil du roi en grande authorité et ambassadeur pour lui devers Sa Saincteté encor une fois. Gist à Sainct-Yves à Rome, encores qu'il y ait une représentation de sa sépulture en l'église de Sainct-Pierre de Rennes. »

Ce dernier est le seul des seize cardinaux dont nous avons cité les noms qui, Breton d'origine, ait résidé en Bretagne. Les autres, Bretons ou étrangers, n'ont fait qu'y passer et la plupart n'y sont jamais venus.

Si donc la Bretagne peut compter au nombre de ses Evêques ces Prélats qui ne l'ont pas évangélisée, qui ont vécu et qui sont morts loin d'elle, étrangers à sa langue, à ses mœurs, à sa vie, elle doit avec amour et avec orgueil revendiquer pour son fils et pour son pasteur le vénérable Archevêque dont les soixante-douze années de vie se sont écoulées sur le sol natal, au milieu de ses compatriotes et de ses concitoyens.

Il y a eu seize cardinaux en Bretagne, mais

Monseigneur Godefroy Saint-Marc, premier Archevêque de Rennes, premier métropolitain de notre province ecclésiastique est aussi le premier Cardinal vraiment breton.

II

NOTICE BIOGRAPHIQUE

I

Naissance de Monseigneur Saint-Marc. — Son enfance au Boschet. — Ses études au Lycée. — Voyage à Nantes. — Retour à Rennes. — Vocation ecclésiastique.

Monseigneur Godefroy Saint-Marc est né à Rennes, le 5 février 1803, dans une maison de la rue St-François, qui appartient encore à sa famille.

L'acte de baptême de Son Eminence n'est pas inscrit sur les registres de la paroisse Saint-Germain, qui ne datent que de l'année 1804, les églises n'ayant été rendues au culte qu'au mois de mars de cette année.

L'enfance du futur archevêque s'est passée à Rennes, dans le vieil hôtel de sa famille ; au milieu d'une atmosphère de piété, où le respect de la religion et la fidélité à l'antique foi bretonne étaient des vertus traditionnelles.

Le temps des vacances s'écoulait dans cette magnifique résidence du Boschet, dans les larges allées de ces jardins qu'on dit tracés par Le Nôtre, sur le bord de cette rivière qui s'égare entre deux rives de coteaux boisés. C'est là qu'il apprit à connaître et à aimer la nature, manifestant dès le jeune âge un goût très prononcé pour la botanique, qu'il devait approfondir plus tard de manière à prendre rang parmi les savants les plus distingués.

Dans cette contemplation familière, son âme s'imprégnait de la grandeur du spectacle qui frappait ses yeux et s'élevait, inconsciente encore, jusqu'à ce Dieu, créateur de toutes choses, auquel il devait plus tard consacrer entièrement sa vie.

Puis vint le temps des études : il fallut dire adieu aux longues promenades dans les bois. Au lieu des riantes perspectives de la Vilaine, c'étaient les murs noircis du Lycée ; au lieu de ce calme qui lui semblait si doux, c'étaient les jeux bruyants des camarades, auxquels il essayait parfois de se soustraire.

Les jours de congé, enfermé avec quelques jeunes amis dans une chambre de la maison paternelle, il célébrait avec eux de pieuses représentations de nos saints mystères et les évangélisait, prédicateur convaincu, en des improvisations qui, d'après le dire de ses auditeurs, les tenaient sous le charme. Qui eût pu songer alors que cet enfant, dont la distraction favorite était de reproduire sous une forme naïve les cérémonies du culte, devait un jour, aux applaudissements de son peuple, traverser les rues de sa ville natale, vêtu de la pourpre romaine.

Au sortir du collège, après quelques années passées à Rennes, sa mère, qui le destinait au grand commerce maritime, l'envoya à Nantes dans une importante maison de cette ville. Il y retrouvait dans la famille Baudot, alliée à la sienne, les mêmes enseignements salutaires, les mêmes fortifiantes leçons.

C'est là qu'il se lia d'une amitié durable avec M. l'abbé Fournier, alors vicaire de Saint-Nicolas, aujourd'hui évêque de Nantes. Il dut, nous n'en doutons pas, lui faire part de ses aspirations, de ses pieux désirs, et recevoir du jeune abbé les encouragements les plus tendres et les conseils d'une sincère affection.

Plus tard, l'archevêque de Rennes devait acquitter sa dette envers le curé de Saint-Nicolas, en lui prêtant, quand il s'agit de donner un successeur à Monseigneur Jacquemet, l'appui de son influence auprès du Saint-Siége. Il voulut ensuite sacrer lui-même, à Nantes, le nouveau prélat.

Mais le projet vaguement caressé par le jeune homme se dessinait de jour en jour plus nettement dans son esprit, et quand il fut de retour à Rennes, son rêve était devenu une vocation.

II

Le séminaire de Saint-Sulpice. — M. l'abbé Combes — L'abbé Saint-Marc est nommé maître de conférence. — Il est chargé d'un cathéchisme à la paroisse de Saint-Sulpice. — Il est ordonné prêtre.

Ce fut avec un serrement de cœur douloureux que le jeune Saint-Marc s'éloigna de son pays et de sa famille.

Il y a dans l'âme du Breton un attachement invincible au sol natal, une sorte d'indifférence pour tout ce qui n'est pas la Bretagne et comme un vague effroi de la vie loin de la patrie et loin du foyer.

Né dans une famille vraiment Bretonne, l'enfant Rennais dut, en s'éloignant, jeter un regard de regret vers le vieux palais du Parlement de Bretagne à l'ombre duquel il avait grandi, et vers ces ombrages aimés du Boschet qui avaient abrité ses premiers jeux.

Mais il était soutenu par le sentiment impérieux du devoir. Répondant à l'appel de Dieu, il n'était pas arrêté par la grandeur du sacrifice.

Et d'ailleurs quelles consolations ne trouva-t-il pas dans cette vie réglée et calme du séminaire ! Quel charme dans ces études sur Dieu, sur l'âme et ses immortelles destinées ! Quel bonheur dans la prière et dans ces entretiens mystiques avec le divin Crucifié !

En arrivant à Saint-Sulpice, il eut la joie d'y trouver un condisciple du Lycée de Rennes, M. Dupont des Loges qui, aujourd'hui évêque de Metz, porte si saintement la double couronne de l'exil et de la persécution. Étrange terme de leurs destinées ! Les deux amis d'alors sont maintenant évêques aux deux extrémités de la France. La Lorraine appelait l'un ; la Bretagne fidèle gardait l'autre.

Il s'attacha tout particulièrement aussi à l'un de ses professeurs, M. l'abbé Combes, qui fut le guide affectueux de sa vie sacerdotale. M. l'abbé Saint-Marc appréciait à un si haut point la haute science et la rectitude de jugement du vénérable prêtre que son premier soin, lorsqu'il fut nommé évèque de Rennes, fut d'appeler près de lui son ancien directeur.

Pendant le temps des études théologiques, le fervent séminariste s'était fait remarquer par sa brillante intelligence, et la profondeur de sa science théologique. Il avait eu plusieurs fois l'occasion de faire preuve d'un talent si particulier pour la parole, et s'était montré si habile en l'art de bien dire qu'on voulut utiliser ses brillantes facultés en le nommant maître de conférence. Peu de temps après on lui confiait un des catéchismes de la paroisse Saint-Sulpice.

Mais déjà germait dans son cœur la pensée du retour. Aussi à peine eut-il reçu la prêtrise (mai 1831) qu'il revint en Bretagne, heureux de se retrouver dans sa ville natale.

III

Il est attaché à la paroisse Saint-Germain.— Le professeur de botanique et de physique. — Il est nommé chanoine honoraire, puis vicaire-général.— Ses prédications au Lycée.— Son zèle pour l'instruction de la jeunesse.

Aussitôt de retour à Rennes, l'abbé Saint-Marc fut attaché en qualité de prêtre libre à la paroisse de Saint-Germain. Nous renonçons à décrire sa joie, le jour où pour la première fois, montant comme prêtre à l'autel au pied duquel, enfant, il s'était agenouillé si souvent, il y célébra la sainte messe en présence de sa famille et de ses amis.

Puis lorsque, du haut de la chaire de vérité, il annonça aux fidèles la parole divine, ses yeux durent chercher, sans doute, dans l'assistance recueillie, le regard ému de sa sainte mère qui recevait de lui maintenant, agrandis encore par l'autorité du prêtre, les enseignements de foi dont elle avait bercé l'enfance de son fils.

Au mois de novembre 1831, le jeune prêtre de Saint-Germain fut nommé chanoine honoraire.

Nous avons dit, ses aptitudes merveilleuses pour la botanique.

Après l'avoir étudiée au point de faire autorité dans cette science, l'abbé Saint-Marc, pensa à former des élèves. Le Grand-Séminaire lui en fournit. Une fois par semaine, il rassemblait quelques jeunes abbés heureux de s'instruire, et leur enseignait, avec cette merveilleuse facilité d'élocution qui le distingue, la science des Linnée et des Jussieu. Puis afin de distraire la sympathique assistance en l'instruisant encore, il se fit professeur de physique, et ses expériences prestigieusement exécutées et accompagnées d'explications lucides, charmaient et émerveillaient son auditoire.

En 1834, Monseigneur de Lesquen l'appela près de lui en qualité de vicaire-général.

Le zèle déjà éprouvé du prêtre s'accrut encore dans cette haute position. La prédication, la visite des malades, en un mot les bonnes œuvres absorbaient son temps. On était toujours sûr, à quelque heure que ce fût, de le trouver prêt à porter son ministère partout où il était demandé. Souvent même il n'attendait pas qu'on vînt le chercher, et s'il apprenait qu'un homme se mourait sans les secours de la religion, il se rendait de lui-même auprès du malade, trouvait le moyen de se faire écouter, et par ses arguments et ses prières, il parvenait toujours à conquérir à Dieu l'âme du moribond.

Une affection plus particulière, un dévouement plus vif l'entraînaient surtout vers les jeunes gens. Il avait compris que c'est dans l'âme de l'enfant qu'il faut jeter la semence qui doit germer dans l'homme, et qu'il est important de le préparer par les enseignements de la morale et de la foi aux grandes luttes dont il devra sortir victorieux dans les terribles années de l'adolescence.

C'est dans ce but qu'il allait souvent au Lycée porter l'édification de sa parole aux élèves dont il aimait à se dire l'*ancien*. Il trouvait là, dans l'épanchement de l'intimité, de ces mots qui montent du cœur aux lèvres, et auxquels il savait ajouter encore du charme par l'ingéniosité et la distinction de la forme.

IV

Il est nommé Evêque de Rennes. — Cérémonies du Sacre. — M. l'abbé Le Graverend et M. l'abbé Fournier. — Il rassemble quelques élèves dans la Maison des Missionnaires.

En février 1841, M. l'abbé Saint-Marc, vicaire-général, fut nommé évêque après la démission de Monseigneur de Lesquen. Il fut préconisé le 13 juillet de la même année et sacré le 10 août.

Les cérémonies du sacre furent magnifiques.

Dès six heures du matin, une foule innombrable d'étrangers que l'attrait de ces fêtes religieuses avait attirés à Rennes encombrait les rues et les abords de la nouvelle cathédrale.

Les tribunes de l'église étaient combles et présentaient un coup d'œil ravissant. Autour de l'autel, richement décoré, étaient les siéges destinés à l'archevêque de Chalcédoine, aux évêques de Nantes, d'Angers et de Saint-Brieuc, et à trois Abbés mîtrés. Au pied de l'autel se trouvaient les autorités civiles et militaires.

La vaste nef de la nouvelle cathédrale, jusque-là nue et silencieuse, semblait s'éveiller aux accents des harmonies religieuses qui portaient à Dieu la prière des hommes.

A sept heures un quart le cortége se présentait à la porte Mordelaise.

« Il y avait dans cette circonstance, écrivait M. Marteville au lendemain de cette solennité, quelque chose qui rappelait les anciens jours de la cité Rennaise, alors que les ducs de Bretagne entraient solennellement dans leur capitale et venaient s'agenouiller sur le poêle de satin bleu et de damas blanc, orné d'hermines d'or.

Cette fois ce n'était pas un seigneur féodal qui franchissait la porte Mordelaise, c'était un seigneur ayant mission de paix et d'évangile, et appelé au gouvernement spirituel d'un peuple composé de parents et d'amis. »

Monseigneur de Lesquen qui a laissé derrière

lui, dans la ville de Rennes et dans la Bretagne, une trace ineffaçable de vertus et de bienfaits, avait tenu à sacrer lui-même le jeune évêque qu'il avait appelé près de sa personne, dans l'espérance d'en faire un jour son successeur.

Au moment où le prélat consacré remercie, par le cri trois fois prononcé : *ad multos annos*, les prélats qui ont pris part à la cérémonie, le nouvel évêque, se tournant vers l'assistance, fit entendre au milieu d'un profond silence la plus touchante allocution. C'était, dit un journal de l'époque, Monseigneur Saint-Marc qui nous parlait de lui et de nous, de notre affection et de son amour, de sa vie passée et de sa vie future, qui nous disait qu'évêque il sentait son cœur s'agrandir pour soulager plus de maux, pour accueillir plus d'affligés. Bien des larmes auxquelles se mêlaient celles du respectable prélat consécrateur, ont répondu à cette allocution. Monseigneur Saint-Marc avait été compris comme il voulait l'être. »

Le premier acte du nouvel évêque fut un hommage rendu à l'amitié et à la reconnaissance.

Il nomma chanoine honoraire son condisciple, M. l'abbé Le Graverend, mort depuis curé de Saint-Enogat, et vicaire-général honoraire, son ami, M. l'abbé Fournier.

Mais la grande pensée de sa vie allait enfin se réaliser. Il s'agissait de préserver la jeunesse de la contagion morale et intellectuelle, double pourriture dans laquelle il avait vu tant de fois s'atrophier de si belles intelligences et de si grands cœurs.

Il réunit donc dans la Maison des Missionnaires (1842) quelques élèves de rhétorique et de philosophie. Il furent d'abord au nombre de sept, puis de seize.

Pendant ce temps Monseigneur l'Evêque faisait bâtir dans les terrains avoisinant la rue de Fougères une immense maison qui devait être une grande pension et plus tard un collége. Il y dépensa une partie de sa fortune.

Bientôt les élèves des Missionnaires y furent installés, sous la direction de M. l'abbé Brécha, dont le souvenir, inséparable de cette maison, restera toujours vivant dans le cœur de nous tous qui l'avons connu et aimé.

V.

Lutte avec le Lycée. — L'Aumônier est retiré. — Fondation du Collége Saint-Vincent. — Histoire d'un saphir.

Monseigneur l'Evêque ne tarda pas à s'applaudir d'avoir élevé une retraite où les familles catholiques verraient grandir leurs enfants mis à l'abri de tout danger par les enseignements de l'Eglise.

Un jour, en parcourant les notes prises au cours de M. X..., professeur de philosophie au Lycée, M. l'abbé Brécha remarqua des propositions entachées de scepticisme. Il en référa immédiatement à Monseigneur Saint-Marc, qui porta le fait à la connaissance du ministre. Celui ci ayant passé outre, l'évêque retira son aumônier du Lycée.

La mesure était sévère mais le pasteur crut devoir à lui-même et à son diocèse de préserver par tous les moyens possibles l'âme des jeunes enfants dont le soin lui avait été confié. Il crut devoir, échouant dans sa tentative pour arrêter le mal, le flétrir énergiquement et le signaler aux familles.

Il n'en travailla aussi qu'avec plus d'ardeur à développer Saint-Vincent.

Jusqu'en 1846, on s'était borné à recevoir des élèves de rhétorique, et de philosophie, mais cette année même, quelques élèves des basses classes vinrent s'adjoindre aux anciens. En 1849, M. de Falloux ayant accordé le plein exercice, le collége Saint-Vincent, plus connu alors sous le nom de pension Brécha, fut définitivement fondé.

Parmi les premiers élèves de la Maison des Missionnaires, nous citerons M. l'abbé Duvert, aujourd'hui curé de Saint-Germain, M. le colonel du génie Pluvier, M. Jausions, conservateur des hypothèques, et M. Magloire Dorange, actuellement bâtonnier de l'ordre des avocats à la Cour de Rennes.

Le collége Saint-Vincent se développa rapidement, sous la protection du prélat, grâce à l'habile direction du supérieur, et avec la collaboration intelligente des professeurs les plus distingués. L'accroissement fut tel que le Lycée, qui en 1845 avait sept cents élèves, tomba presque subitement à trois cents.

A la fondation de Saint-Vincent se rattache une histoire touchante :

Un jour, une vieille dame se présente à l'évêché, demandant avec instance à voir Monseigneur. Ordre est donné aussitôt de l'introduire. Sa mise était simple, presque pauvre ; elle semblait vivement émue.

— Ah ! Monseigneur, dit-elle, que je suis heureuse de vous voir. Je suis madame ***. Votre père a pris soin de mon enfance et sauvegardé mon patrimoine. J'ai reçu de votre famille des bienfaits que je ne puis oublier. Laissez-moi vous dire avec quelle joie je vous retrouve aujourd'hui dans le palais des évêques de Rennes.

Je suis venue du fond de la Bretagne pour vous féliciter.

L'évêque s'enquiert avec bonté de sa situation, du voyage qu'elle vient de faire, puis, par une attention délicate pour la mémoire de son père, il fait prendre, à l'hôtel où elle était descendue, les malles de la voyageuse et la fait installer dans le palais épiscopal

Quelques jours après, l'étrangère était repartie.

Un matin, on apporte à Monseigneur Saint-Marc un petit coffret soigneusement enveloppé. Il l'ouvre, et quel n'est pas son étonnement d'y trouver une bague ornée d'un saphir, entouré de brillants. L'envoi était accompagné d'une lettre dans laquelle la dame généreuse expliquait à l'évêque qu'il pouvait sans crainte accepter ce présent, quelque considérable qu'il pût lui paraître. Sa position de fortune lui permettait, ajoutait-t-elle, de le faire sans s'imposer aucune privation.

Plusieurs années s'écoulèrent. Un jour Monseigneur Saint-Marc reçut avis d'un notaire de Bre tagne que madame ***, morte sans héritiers, avait fait un testament qui l'instituait son légataire universel.

En racontant cette histoire, à l'un de ses amis, le pieux évêque disait en souriant : la Providence est venue à mon secours. J'avais dépensé ma fortune à bâtir Saint-Vincent ; le bon Dieu me l'a rendue.

VI

Education des filles. — Etablissement de divers ordres dans le diocèse. — Reconstruction des Eglises.

Après avoir, par la fondation de Saint-Vincent, assuré l'éducation religieuse des jeunes gens, l'évêque de Rennes se préoccupa de celle des filles. Il y avait là encore plus à faire peut-être, et une lacune considérable devait être comblée.

L'instruction était donnée dans les bourgs et villages du diocèse par des institutrices laïques, dont la plus grande partie étaient sans brevet.

Monseigneur Saint-Marc, vivement ému de cette situation, dont l'ignorance n'était peut-être pas le plus grand danger, s'occupa activement d'encourager les ordres de femmes qui se consacraient à l'instruction dans le diocèse.

Les sœurs de Paramé, les sœurs de l'Immaculée Conception de St-Méen prirent une extension considérable, et des écoles congréganistes furent installées dans toutes les communes qui purent offrir aux religieuses des moyens de subsistance suffisants.

Mais, à cause de l'impossibilité où se trouvaient beaucoup de communes de pourvoir, par le nombre des élèves, à l'entretien de la maison d'école ; à cause aussi des constitutions des ordres existants qui ne permettaient pas aux religieuses de se séparer pour aller porter isolément, à travers le diocèse, les bienfaits de leur enseignement, bien des localités se trouvèrent encore privées d'institutrices, ou se virent livrées à l'incapacité et à l'indifférence.

C'est pour remédier à ce mal que furent fondées les sœurs Adoratrices de la Justice de

Dieu, dont la maison-mère est à Rillé, près de Fougères. Cet ordre ayant la faculté, grâce à ses constitutions, d'envoyer ses religieuses au nombre de deux seulement, les bourgades les plus pauvres ont pu demander et recevoir ces saintes filles, dont le succès, de jour en jour plus grand, démontre les services rendus aux enfants des campagnes.

Bien que de fondation récente, on peut le dire, les Sœurs Adoratrices de la Justice de Dieu possèdent actuellement dans le diocèse plus de soixante maisons d'écoles.

L'évêque de Rennes a toujours d'ailleurs favorablement accueilli les ordres religieux d'hommes et de femmes qui ont manifesté le désir de s'établir sur notre sol si catholique.

Le 2 juillet 1856, il bénissait la première maison des RR. PP. Carmes. Cette bénédiction si gracieusement octroyée devait porter bonheur à ces bons Pères.

En effet, le 20 décembre 1860, la communauté était transférée de la rue de Fougères à la rue de

Paris, et Monseigneur Godefroy Saint-Marc bénissait la nouvelle chapelle.

Enfin, le 13 mai 1865, les RR. PP. Carmes s'installèrent d'une manière définitive dans la rue de Belair, et le prélat, leur conservant son affectueuse protection, consacrait leur chapelle le 5 avril 1867.

Nous ne pouvons, dans une notice aussi courte, nous étendre plus longuement sur toutes les maisons religieuses qui ont ressenti les effets de la protection efficace du saint évêque. Nous ajouterons en finissant qu'une nouvelle congrégation, celle des Lazaristes, est sur le point de s'établir dans notre ville.

Une autre œuvre non moins chère au pasteur fut celle de la reconstruction des Eglises. La Révolution les avait ou détruites ou abandonnées. Grâce à l'impulsion énergique donnée par l'évêque aux prêtres et aux fidèles du département, plus de deux cents églises ont été construites entièrement ou notablement restaurées sous son pontificat. Monseigneur l'évêque de Rennes a trouvé dans son frère M. E. Saint-Marc un appu toujours empressé. On sait que M. Saint-Marc a été l'architecte officieux d'un grand nombre d'églises et qu'il n'a ménagé pour venir en aide au zèle de son vénérable frère, ni les soins de son talent, ni les secours de sa bourse.

VII

Les Petites Sœurs des Pauvres.

Mais l'œuvre la plus considérable peut-être dont Monseigneur l'évêque de Rennes puisse revendiquer l'honneur, l'œuvre qui suffirait à elle seule à la gloire d'un pontificat moins fécond en grandes choses, c'est le développement prodigieux de l'admirable institution des Petites-Sœurs des Pauvres. Son Eminence Monseigneur le Cardinal Saint-Marc peut la revendiquer comme sienne.

« L'œuvre inaugurée en Bretagne se propage d'abord à Rennes, puis à Dinan. Bientôt Tours, la ville pieuse, les appelle dans son sein, et ensuite Nantes voit s'ouvrir la cinquième maison.

Mais Paris ne pouvait rester plus longtemps sans ajouter cette nouvelle institution aux nombreuses fondations charitables qu'il possède. La maison de la rue Saint-Jacques est créée. Puis vient le tour de Besançon, d'Angers, de Bordeaux et de Nancy.

La première maison fondée à Paris est devenue insuffisante. Une seconde s'ouvre avenue de Breteuil.

Les catholiques d'Angleterre ne veulent pas laisser à la France le monopole de secourir les vieux pauvres. Londres, la ville industrieuse mais aussi la ville de la misère, comprend les services que rendent à une cité populeuse ces anges gardiens de la vieillesse, et les Petites Sœurs des Pauvres s'établissent dans le quartier de Westminster.

Rentrons en France, nous retrouvons les Petites Sœurs s'installant à Laval, puis dans la seconde ville de France, à Lyon, dans le quartier de la Villette.

Les deux fondations qui suivent offrent ceci

de particulier que l'une est à l'extrémité nord, à Lille, et l'autre à l'extrémité sud, à Marseille.

Nous voyons ensuite l'institution prendre pied à Bourges, à Pau, à Vannes, à Colmar, à La Rochelle, à Dijon, à Saint-Omer, à Brest et à Chartres.

Une seconde fois l'institution passe les frontières pour s'établir en Belgique, à Liége. Un peu plus tard les catholiques de Bruxelles tiendront à honneur de posséder aussi un établissement pour les vieillards, confié à la sollicitude des Petites Sœurs des Pauvres.

Signalons successivement l'arrivée des Petites Sœurs à Bolbec, l'ouverture d'une nouvelle maison en Angleterre, à Londres, dans le quartier de Southwark ; une troisième fondation à Paris, rue Beauvau, et la création des établissements de Toulouse, Saint-Dizier, le Hâvre, Blois, le Mans et Tarare. Quatrième maison à Paris rue Notre-Dame-des-Champs. La capitale a vu les Petites Sœurs à l'œuvre, et à peine un établissement est-il ouvert, que les demandes affluent.

Les compagnes des premières sœurs sont appelées à Orléans et à Strasbourg.

A ce moment-là, — nous sommes en 1856, — l'importance de l'œuvre des Petites Sœurs des Pauvres nécessita la translation du noviciat de Rennes à la Tour Saint-Joseph, près Bécherel, dans le département d'Ille-et-Vilaine.

Puis vinrent les établissements de Caen, Saint-Etienne, Perpignan. Une troisième maison s'ouvre en Belgique, à Louvain, et bientôt une quatrième, à Jemmapes.

L'œuvre continue à se propager en France. C'est d'abord Montpellier ; puis Agen, Poitiers, Saint-Quentin, Lisieux, Annonay, Amiens, Roanne, Valenciennes, Grenoble, Draguignan, Châteauroux, Roubaix, Boulogne-sur-Mer, Dieppe, Béziers et Clermont-Ferrand, qui sollicitent et obtiennent la faveur de cette providence des vieux pauvres.

La Suisse, à son tour, imite la France, l'Angleterre et la Belgique. Genève voit se fonder une maison de Petites Sœurs.

Lyon compte bientôt une seconde fondation dans le quartier si populeux de la Croix-Rousse.

Les Petites Sœurs s'installent à la même époque en Lorraine, à Metz.

Le grand centre manufacturier de l'Angleterre, Manchester, appelle également l'œuvre charitable de la vieillesse indigente. L'institution s'établit aussi à Bruges en Belgique.

Puis viennent les fondations de Nice, de Lorient, de Nevers et de Flers.

Glasgow, en Ecosse, Bristol, en Angleterre, ouvrent un asile à la vieillesse. Il en est de même de Villefranche et de Cambrai.

L'Espagne comprend les bienfaits de cette institution nouvelle et déjà si développée. Les Petites Sœurs s'installent à Barcelone.

Un second établissement des Petites Sœurs des Pauvres est créé en Ecosse, à Dundee; un sixième en Belgique, à Namur; un deuxième en Espagne, à Manreze.

Puis viennent de nouvelles fondations, à Edimbourg, en Ecosse; à Anvers, en Belgique; à Niort, en France; à Grenade, en Espagne; à Birmingham, en Angleterre; à Paris, rue Philippe-de-Girard; à Lérida, à Lorca, à Malaga, à Antecuerra, en Espagne ; à Plymouth, en Angleterre.

D'autres établissements s'ouvrent à Troyes, à Maubeuge, à Nîmes, en France ; à Leeds, à Newcastle, en Angleterre ; à Ostende, en Belgique ; à Madrid et à Jaën, en Espagne, qui tout récemment encore, a vu un nouvel asile se fonder à Rœus, en Catalogne.

Brest et Lorient possédaient les Petites Sœurs depuis longtemps déjà. Toulon et Cherbourg les ont appelées aussi dans leurs murs.

Les maisons les plus récemment fondées sont celles de Tourcoing, de Valence (Drôme) et de Périgueux.

Enfin, au mois de février dernier, les Petites Sœurs ont vu une nouvelle contrée s'ouvrir à leur zèle charitable. C'est l'Irlande. Elles s'y sont établies à Waterford, et nul doute que cette contrée si catholique ne voie bientôt se développer sur son sol hospitalier d'autres colonies de filles de l'abbé Le Pailleur. »

Nous empruntons cette longue énumération à l'intéressante *Histoire des Petites Sœurs des Pauvres*, par M. Félix Ribeyre. Nous avons pensé que nos lecteurs seraient curieux de suivre, dans ses prodigieux développements, une œuvre qui, fondée en 184., à Saint-Servan, compte à l'heure où nous écrivons cent quarante six maisons dans le monde.

En 1852, Monseigneur l'Evêque de Rennes accueillit avec faveur la pensée d'installer dans son diocèse, où l'œuvre était née, la maison-mère et le noviciat de la nouvelle congrégation.

Ce fut à la Pilletière, ancienne propriété de la famille Saint-Marc, à l'extrémité d'un des faubourgs de Rennes, que s'établit le centre de l'institution.

Le 31 du mois de mai, le Prélat vint bénir la chapelle. A son arrivée il fut reçu par le R. P. fondateur, par la bonne mère supérieure et par les supérieures locales, qui lui présentèrent vingt-quatre postulantes demandant l'habit de religion, et dix-sept novices qui le priaient de recevoir leur profession.

L'Evêque les avertit de leurs obligations : « Mes Sœurs, leur dit-il, puisque vous désirez » entrer dans la famille des Petites Sœurs des

» Pauvres, afin que plus tard vous ne puissiez
» pas dire que vous n'avez pas été informées, je
» vous avertis maintenant et déclare, au nom de
» cette famille, que, si vous voulez y demeurer,
» vous serez obligées, avant toutes choses, de
» pratiquer l'abnégation de vous-mêmes, renon
» çant à votre propre jugement et volonté pour
» les assujettir à l'obéissance, de veiller souvent
» et travailler tant de jour que de nuit pour le
» service et l'assistance des pauvres malades,
» vieillards ou infirmes ; d'endurer toutes sor-
» tes de mortifications, de porter des habits
» pauvres ; de souffrir le mépris de la pauvreté,
» la honte de mendier et outre cela les répri-
» mandes, humiliations et peines continuelles ;
» et, d'un autre côté, de la part de Dieu, je vous
» promets la vie éternelle, si, avec sa grâce, vous
» êtes fidèles à observer et à supporter toutes
» ces choses autant que la fragilité humaine
» peut le permettre. »

Le noviciat de la Pilletière étant devenu trop étroit, les fondateurs, d'après les conseils de Monseigneur Saint-Marc, choisirent sur les confins du diocèse, dans la commune de Saint-Pern, une vaste propriété où s'élève maintenant la maison de la Tour-Saint Joseph.

VIII

Monseigneur Saint-Marc est nommé Archevêque. — Voyage à Rome. — Pétition à l'Empereur Napoléon III.

En 1859, le dimanche dans l'Octave de l'Ascension, cinquième jour du mois de juin, Monseigneur Godefroy Saint-Marc fut installé Archevêque de Rennes, en vertu de l'institution canonique, en date du 3 janvier 1859, qui élève l'Église de Rennes à la dignité de siège métropolitain, ayant pour suffragants les évêchés de Vannes, de Quimper et de Saint-Brieuc. La messe fut célébrée pontificalement par Monseigneur Sacconi, archevêque de Nicée, nonce de Sa Sainteté. Après avoir intronisé Monseigneur Saint-Marc archevêque de Rennes, il lui fit la remise du *pallium*. C'est, on le sait, l'insigne de la juridiction métropolitaine.

Dans le courant de l'hiver 1861, Monseigneur l'Archevêque de Rennes se rendit à Rome, pour déposer aux pieds du Saint-Père l'hommage de son dévouement et de l'attachement de la Bretagne au Saint-Siége.

Ce fut une consolation suprême pour l'auguste vieillard, que la révolution entourait, de voir se grouper autour de lui les pasteurs des peuples accourus de tous les points du globe, pour lui offrir en même temps que les témoignages d'un amour filial, la généreuse et volontaire obole des catholiques émus de ses souffrances.

Les temps étaient difficiles et l'on pouvait prévoir déjà le déchaînement de toutes les passions mauvaises contre Celui qui personnifie en ce monde la Vérité et la Lumière. Jamais la lutte n'avait été plus ardente. La mauvaise presse lançait ses pamphlets et ses brochures ; les gouvernements qui se prétendaient les plus dévoués à l'Eglise devenaient, par un lâche silence, complices des plus audacieux attentats.

C'était l'heure où les vrais fidèles devaient élever la voix et se préparer à l'action. Monseigneur l'Archevêque de Rennes fut de ceux-là.

« Quand il fallut parler, il ne s'est jamais tu »

a dit, dans un vers à la fois plein de beauté et de justesse, un prêtre du diocèse de Rennes, l'abbé Herpin.

Nous n'en voulons pour preuve que sa lettre du 11 septembre 1861, par laquelle il conjure l'Empereur Napoléon III de prendre en main la défense du pouvoir temporel de l'Église :

« Dites, je le veux, Sire, et, à ce seul mot, les ennemis de la Papauté, qui sont aussi ceux des peuples et des rois, rentreront dans les souterrains où ils se cachaient naguère ».

Il n'a pas dit : je le veux ! le puissant Empereur d'alors, et de faiblesse en faiblesse, et de faute en faute, trop complaisant pour les ennemis des peuples et des rois » il est tombé dans la défaite pour aller mourir dans l'exil.

Les événements pressentis par le cœur alarmé du prélat se réalisèrent. La France, que Shakespeare nomme quelque part « le soldat de Dieu, » ne traçait plus avec sa fière épée autour du Pontife suprême un cercle infranchissable. L'armée avait été rappelée ; la patrie se débattait sous la serre de l'aigle prussien, et les champs de Patay buvaient le sang de ces héroïques zouaves, défenseurs de toutes les saintes causes, qui avaient fait jusqu'alors au Vicaire de Jésus Christ un rempart de leurs cœurs vaillants. Rome vit entrer dans son enceinte sacrée, qu'aucune puissance humaine ne protégeait plus, les bataillons piémontais.

Qu'allait devenir le Saint-Père ?

Une douloureuse émotion s'empara de l'univers catholique en voyant l'auguste représentant de Dieu sur la terre prisonnier dans son palais du Vatican. De tous côtés les évêques dans d'énergiques mandements, condamnèrent la conduite des envahisseurs. Parmi les prélats français, Monseigneur Saint-Marc fut un des premiers à jeter le cri d'alarme. Une pétition, signée de l'Archevêque et des évêques de la province ecclésiastique de Rennes, fut adressée aux membres de l'assemblée nationale. Elle faisait ainsi un suprême appel à la protection de la France en faveur du saint captif :

« Dans l'état d'anxiété grande s'il en fut jamais où se trouve l'Eglise de Jésus-Christ par rapport à la position si critique de son chef suprême, les catholiques de la France entière, surtout ceux qui font partie de la province de Bretagne, tournent vers vous des regards de supplication et de douleur. Ils demandent de toutes parts à l'assemblée nationale d'élever la voix pour protester contre la violation des traités et contre les attentats commis envers le chef vénéré de l'Eglise. »

La France, épuisée par d'effroyables désastres, avait donné tout son or et tout son sang. Elle déplorait, en la subissant, la cruelle situation faite à ce pontife qu'aucune menace n'épouvantait. L'impuissance de la France enhardit les exigences des vainqueurs. Bientôt l'*Orénoque*, disparaissant des eaux de Civita-Vecchia, emportait le dernier vestige de la protection glorieuse dont s'honorait la fille aînée de l'Eglise.

Et la pensée de l'Archevêque breton se tournait sans cesse vers cette Rome qu'il n'a pas revue depuis la canonisation des saints martyrs du Japon.

IX

L'aumônerie militaire. — La propagation de la Foi. — Monseigneur Saint-Marc est nommé Cardinal.

C'était au lendemain des désastres de la guerre et de la Commune. L'armée, première victime de nos défaites, se reformait lentement. Une nouvelle loi militaire avait été préparée dans le but de la reconstituer plus puissante et plus instruite, capable de faire face aux éventualités cachées dans les profondeurs de l'avenir.

On avait compris ce moyen certain de régénération, la religion, et tous étaient d'accord que faire de bons chrétiens, c'est encore faire de bons soldats. Aussi devait-on permettre aux jeunes gens incorporés dans l'armée de suivre en toute liberté les exercices du culte.

A ce sujet, dans une pétition adressée à l'Assemblée nationale, Monseigneur établissait « que le culte catholique, tout à la fois intérieur et extérieur, comprend entre autres obligations, trois grands devoirs : l'assistance à la messe, l'audition de la parole de Dieu et la réception des sacrements. »

Or, ajoutait ensuite Monseigneur Saint-Marc, la pratique de ces trois devoirs est presque impossible pour le soldat, même dans les conditions meilleures qui lui sont faites. Il faut pour lui faire davantage encore :

« Quand on connaît l'humanité, on n'ignore pas que l'accomplissement d'un devoir, même religieux, coûte, et le fond de notre nature est riche en excuses et en prétextes pour nous en dispenser; en sorte que ce n'est pas assez pour ceux qui gouvernent les hommes de rendre le devoir possible, ils doivent s'efforcer de la rendre facile.

» Vous arrachez le jeune homme à son pays : il faut lui rendre un pasteur. Ce pasteur ne peut être que l'aumônier militaire. »

La plupart des députés bretons s'étaient fait

un devoir d'appuyer la motion de leur métropolitain, et l'un d'eux, M. Carron, a eu l'honneur d'être devant la Chambre le promoteur de cette loi.

Monseigneur l'Archevêque de Rennes, qui sait trouver une grande voix pour dire de grandes choses, devait avoir cette fois la consolation suprême de voir ses efforts couronnés de succès. L'histoire le dira à sa louange : Il a obtenu qu'on plaçât de nouveau, en tête de nos bataillons, le signe sacré de la croix qui sera aussi, nous l'espérons, le signe de la victoire. *In hoc signo vinces !*

Non content de diriger l'action de son zèle sur les intérêts religieux de la patrie, son cœur de prêtre élargissait le frontières. Emu à la pensée de la misère dans laquelle languissent les peuples qui n'ont pas le bonheur de la foi, Monseigneur Saint-Marc s'est occupé tout particulièrement, pendant le cours de son long épiscopat, de donner une impulsion énergique à cette œuvre qui conquiert chaque jour aux chrétiens de nouveaux frères dans la grande famille de Jésus-Christ.

Une vie aussi féconde en travaux utiles, devait recevoir en ce monde un couronnement de gloire. N. S. Père le Pape, qui aime la Bretagne et son évêque si breton d'un amour dont il nous a donné tant de preuves, a voulu resserrer encore ces liens de reconnaissance et de dévouement en élevant Monseigneur Saint-Marc à la haute dignité de la pourpre romaine.

Il savait que c'était le vœu de la Bretagne, fière de se voir exaltée dans un de ses enfants. Il a voulu l'exaucer !

X

In omnibus caritas.

Dans cette biographie, trop rapidement esquissée mais que l'actualité nous impose de livrer sans retard au public, nous avons dû forcément omettre ces détails qui sont au livre ce que sont au portrait les dernières retouches du pinceau. Le lecteur voudra bien nous le pardonner.

Nous eussions souhaité que le temps nous permît d'être l'historien plus complet de cette existence pleine des œuvres de Dieu, et le peintre plus fidèle de cette noble figure qui appartient désormais à l'histoire de Bretagne.

C'eût été pour nous, en même temps que l'accomplissement du devoir qui nous incombait comme biographe, une douce satisfaction de pouvoir payer à l'évêque, dans la maison duquel nous avons grandi, le tribut respectueux d'une dette de reconnaissance que nous nous sentons impuissant à acquitter complètement.

Ceux qui, comme nous, ont vécu les années de leur enfance dans ce collége Saint-Vincent dont Monseigneur Saint-Marc fut le fondateur et demeure la providence toujours vivante, ceux-là savent les trésors de tendresse et de paternelle affection que le cœur du prélat épanche sur ses enfants. Ils ont senti en eux et autour d'eux, incessamment vérifiée, la belle devise de leur archevêque : « *In omnibus caritas.* »

Oui, sa charité, gracieuse pour tous, fut de tous les instants, compatissante à toutes les faiblesses.

Aimant l'enfance, il savait lui parler. Il allait même au devant d'elle, avec toutes les délicatesses de l'esprit et tous les raffinements du cœur.

Cette bonté du prélat, toujours indulgente à la jeunesse, s'est traduite un jour par un mot exquis:

Des parents se plaignaient à lui des sévérités du vénéré supérieur, M. l'abbé Brécha. En promettant le pardon de la faute et la rentrée en grâce du jeune coupable, Monseigneur Saint-Marc disait avec une grâce charmante, justifiant ainsi l'inflexibilité du supérieur :

— Il avait raison et je n'ai pas tort. Nous sommes chacun dans notre rôle. Il est le père et je suis la mère de ces chers enfants.

C'est bien là le mot doux et profond du prêtre de Jésus-Christ, qui a pris pour symbole de sa gloire épiscopale le pélican faisant couler le sang de ses entrailles en nourriture à ses petits.

Non-seulement les enfants confiés à sa paternelle bienveillance lui sont chers pendant qu'ils demeurent sous son toit, mais lorsque, jeunes gens, ils prennent, en quittant Saint-

Vincent, le rude chemin de la vie, il est là toujours, leur tendant une main protectrice et leur prêtant l'appui de ses conseils et de sa haute influence pour les soutenir et leur faire atteindre le but souhaité.

Quiconque l'a cherché, à quelque heure et pour quelque motif que ce fût, a toujours trouvé le secours de sa protection, et semblable à Saint Ambroise, afin que la foule des nécessiteux puisse arriver plus librement à lui, il a voulu laisser grandes ouvertes les portes de son palais.

Cette charité, si dévouée aux humbles, sait cependant, quand il le faut, se dresser fière devant les superbes de ce monde.

Un jour Monseigneur Saint-Marc qualifiait sévèrement les agissements d'un ennemi de l'Eglise, devant quelques personnages étonnés de cette rigueur chez le prélat.

— *In omnibus caritas*, murmura l'un d'eux avec esprit.

— Que voulez-vous, répondit l'évêque, avec plus d'esprit encore, tout le monde ne monte pas mon *omnibus !*

Mais cette rigueur, qui répugne aux penchants de son âme, cède toujours devant les faibles et les pauvres, pour lesquels il n'a que des paroles d'encouragement et de consolation.

Sa bonté à l'égard des serviteurs de sa maison est proverbiale. Il trouve moyen de la rendre plus touchante encore par une nuance de familiarité chrétienne, dont son cœur sait donner la juste mesure.

Une de ses bonnes œuvres où se révèle à un haut degré ce tact exquis, cet à-propos merveilleux qui ajoutent tant de charme à ses bienfaits, fut la fondation, auprès de Saint-Vincent, d'un orphelinat de garçons, confié aux Sœurs de la Charité, sous la direction de l'excellent abbé Noury.

L'asile devait, dans sa pensée, croître à l'abri du collége. Les enfants riches devaient, en voyant de près leurs frères infortunés, apprendre, mieux que dans les livres, la grande leçon de la bienfaisance, et pratiquer dès le bas âge l'impérieux devoir du secours aux malheureux.

De ce voisinage pouvaient naître aussi des rapports charmants, où les orphelins trouveraient dans leurs amis du collége des protecteurs pour l'avenir.

Les deux fondations ont prospéré côte à côte, et ceux qui ont grandi à l'ombre de ces deux maisons, y ont appris la fraternité et l'égalité sincères des enfants de Jésus-Christ.

Il faut voir l'Archevêque de Rennes, allant de l'une à l'autre, ayant pour ceux-ci comme pour ceux-là un sourire encourageant, une douce parole, et semant derrière lui, dans le sillon largement ouvert de ses bontés, le grain qui doit germer et devenir une abondante moisson de reconnaissance et d'amour.

Il la recueille centuplée cette moisson, à ce point que dans une de ces fêtes touchantes qui rassemblent autour de lui ses enfants de Saint-Vincent devenus des hommes, notre doyen, M. Magloire Dorange, pouvait lui dire, en toute vérité, cette belle parole, dont chaque jour lui apporte une preuve nouvelle :

« Vous êtes, Monseigneur, l'homme le plus aimé de votre génération. »

III

LES INSIGNES

I

Remise de la Calotte.

Le mardi 21, à deux heures, M. le comte Folicaldi, accompagné de M. le grand vicaire Bessaiche et de M. le chanoine secrétaire Guérard, se présentait au palais archiépiscopal. Le grand salon de l'archevêché était rempli par la foule des prêtres invités à assister à la remise du premier insigne du cardinalat.

Annoncé par M. le chanoine Brune, l'envoyé de Sa Sainteté s'est avancé, et après avoir baisé l'anneau pontifical en fléchissant le genou, il a prononcé le discours suivant :

« Eminence,

» Envoyé par Sa Sainteté, j'ai l'honneur de remettre à Votre Eminence la dépêche qui vous élève aux suprêmes honneurs de la pourpre, ainsi que ce premier insigne de votre nouvelle dignité.

» Que Votre Eminence me permette de la féliciter respectueusement pour ce trait bienveillant de Notre Saint-Père, qui, en vous conférant une si haute dignité, a couronné d'un digne prix les rares vertus et les grands mérites de Votre Eminence, et a donné en même temps un gage de son amour pour la France, et particulièrement pour la noble et catholique Bretagne.

» Que Votre Eminence me permette aussi de lui exprimer combien je suis heureux et fier de la noble mission qui m'a été confiée, et qui m'a procuré le précieux avantage d'être connu de Votre Eminence, et de pouvoir me confier à l'avenir dans sa haute et bienveillante protection. »

Monseigneur l'Archevêque de Rennes a répondu :

« Monsieur le Comte,

» La haute dignité dont Sa Sainteté veut bien m'envoyer les premiers insignes par vos mains, met le comble à ses bontés déjà si grandes à mon égard ; mais cette dignité met aussi le comble à la dette de reconnaissance que j'ai contractée envers le Saint-Père. Je me reconnais bien impuissant à l'acquitter dignement ; cependant vous direz de ma part à Sa Sainteté, M. le Comte, que je m'efforcerai de faire de mon mieux, non pas en l'aimant, en le vénérant davantage (je ne crois pas la chose possible) mais en me dévouant désormais, sans réserve et sans partage, au service de Dieu et du prochain, du Saint-Siége apostolique et de l'Eglise catholique, notre mère, et, s'il le fallait, jusqu'à l'effusion du sang, dont je porterai à l'avenir la couleur dans mes vêtements de gloire.

» Après avoir été l'interprète de mes propres sentiments, M. le Comte, vous voudrez bien l'être également, auprès du Saint-Père, des sentiments de mon clergé et de mon peuple, ou plutôt de ceux du clergé et du peuple de la Bretagne tout entière. Vous direz donc de plus à Sa Sainteté que tous les vénérables prêtres et tous les pieux fidèles de la vieille Armorique ont regardé comme fait à eux-mêmes l'insigne honneur dont elle a daigné décorer leur premier métropolitain, et qu'eux aussi, se regardant comme incapables d'offrir à sa personne sacrée de dignes actions de grâces, s'efforceront de lui témoigner leur respectueuse gratitude et leur vénération filiale, en demeurant de plus en plus fermes dans la voie d'inébranlable attachement à la foi catholique, apostolique et romaine, voie que leur ont tracée leurs ancêtres, et qu'ils seraient comme eux tout prêts, si de nouveaux jours d'épreuve se levaient pour la sainte Église, à cimenter de leur sang en témoignage de leur amour et leur fidélité pour elle et son Chef bien-aimé.

» Quant à vous, M. le Comte, agréez tous mes remercîments, non pour les éloges que vous avez bien voulu faire de moi dans votre allocution, je m'en reconnais bien peu digne, mais pour les termes flatteurs et empreints d'une si parfaite délicatesse dans lesquels vous me les avez offerts. Veuillez, M. le Comte, recevoir en retour l'assurance des sentiments de haute estime et de dévouement affectueux dont je serai à jamais pénétré pour le noble envoyé de Sa Sainteté, chargé de me remettre la calotte cardinalice. Votre souvenir, M. le Comte, sera désormais inséparable d'une des circonstances les plus solennelles de ma vie. »

Après la réponse de Son Eminence, M. le Comte Folicaldi a déposé dans un des plateaux de vermeil un pli scellé aux armes de la chancellerie romaine, et dans l'autre un écrin en palissandre contenant la calotte.

Prenant alors le pli aux armes pontificales, Son Eminence a prié M. l'abbé Herpin, ancien professeur de langues vivantes au collége Saint-Vincent, de vouloir bien en donner lecture solennelle. Puis Monseigneur l'Archevêque a ouvert l'écrin et a posé sur sa tête, aux applaudissements de toute l'assistance, la calotte, insigne du cardinalat.

Invitant M. le Comte Folicaldi à s'asseoir, Son Eminence s'est entretenue familièrement avec lui.

Le costume du garde-noble attirait les regards.

La garde-noble est composée de soixante jeunes gens appartenant à des familles nobles. Ils ont le rang de capitaine, sont attachés au service particulier du Saint-Père, et lui font escorte dans toutes les cérémonies. Ils portent la *Sedia Gestatoria*, sur laquelle le Saint-Père est assis pendant la procession du Saint-Sacrement.

Le costume du garde-noble se compose d'un pantalon bleu à bandes rouges, d'une tunique bleue à boutons d'or. Le baudrier est d'or, semé de petits carrés bleus. Les armoiries du garde-noble sont au milieu du baudrier.

Le casque est en acier, poli au sommet et recouvert au milieu d'une large bande de peau noire. La visière et le cimier sont en cuivre doré. Au-dessus de la visière se détachent deux clefs dorées en sautoir.

II

Imposition de la Barrette.

Le samedi 9 octobre, à dix heures du matin, a eu lieu au palais de l'Elysée, la cérémonie de la remise de la barrette à Monseigneur l'Archevêque de Rennes.

Monseigneur Meglia, nonce apostolique, M. le duc Decazes, ministre des affaires étrangères, M. Wallon, ministre des cultes, étaient présents à la cérémonie.

A neuf heures et demie, M. Mollar, introducteur des ambassadeurs, et M. le comte de Tanlay, secrétaire d'ambassade, attaché au cabinet de M. le président de la République, sont allés chercher avec deux voitures de gala, précédées de piqueurs, le nouveau cardinal, à l'hôtel qu'il occupait rue de Grenelle-Saint-Germain, et l'ont amené officiellement au palais de l'Elysée.

Le cardinal était accompagné de M. le Comte Folicaldi, le garde-noble, venu tout exprès de Rome pour apporter la barrette, et de son grand-vicaire général.

Un bataillon d'infanterie sous les armes dans la cour du palais a rendu au cardinal les honneurs militaires.

Le maréchal-président était en grande tenue et entouré de tous les officiers de sa maison.

Monseigneur Tagliani, ablégat du Saint-Père, a prononcé une allocution en latin.

Après la remise de la barrette, Monseigneur Godefroy Saint-Marc a prononcé le discours suivant :

« Monsieur le Président,

» Je m'empresse de vous remercier de l'honneur que vous avez bien voulu me faire, en acceptant de m'imposer, au nom du Saint-Père, la barrette cardinalice, et en témoignant par là si hautement des bons rapports qui existent entre le Souverain-Pontife et le gouvernement de mon pays. Ce spectacle console le cœur d'un évêque des tristesses qui l'assaillent à la vue des douleurs de son chef bien-aimé, par la pensée que nous avons dans notre chère France le bonheur de jouir de la paix religieuse, principale garantie de tranquillité pour le pays aussi bien que de liberté pour les citoyens.

» Monsieur le maréchal, si je ne considérais en ce moment que ma personne, je serais embarrassé pour vous offrir, à l'occasion de mon élévation au cardinalat, mes respectueux hommages et mes remercîments. Mais je sais qu'en m'honorant de cette haute dignité, le Souverain-Pontife a voulu surtout donner au clergé et aux fidèles de la religieuse Bretagne, dont je suis le métropolitain, une éclatante preuve de sa paternelle tendresse pour le dévouement et l'amour que lui ont toujours témoigné ses enfants bretons.

» Je sais aussi, monsieur le Président, qu'en

me signalant à la haute bienveillance de Sa Sainteté, vous vous êtes souvenu qu'il y a quelques mois à peine vous visitiez cette catholique province, et qu'elle vous faisait voir, à son accueil si cordial et si sympathique, combien une population fortement imbue des principes chrétiens donne de sécurité à l'ordre public, et par là même à ceux qui ont reçu la difficile mission de gouverner les peuples. Quant au nouveau cardinal, soyez convaincu, monsieur le maréchal, qu'il s'efforcera constamment, selon les obligations de sa charge, de maintenir l'esprit de paix et de concorde qui doit exister dans les rapports de l'Eglise et de l'Etat.

» Je prie Dieu, monsieur le maréchal, de répandre ses abondantes bénédictions non-seulement sur le chef de l'Etat, mais aussi sur le père de famille qui, par ses vertus privées, sait commander le respect de tous. »

Le maréchal-président de la République a répondu :

« Monsieur le Cardinal,

» J'attache le plus grand prix à cette prérogative qui m'a permis de vous remettre les insignes de la haute dignité qui vous a été conférée ; je vois comme vous dans la décision de Sa Sainteté un nouveau témoignage des bons rapports qui existent entre le Saint-Siége et mon gouvernement.

» Je suis heureux d'avoir pu contribuer à l'élévation, parmi les princes de l'Eglise, d'un prélat qui a montré tant de vertus dans l'accomplissement de sa mission. Je n'ai pas oublié l'accueil que j'ai reçu dans votre diocèse, et je sais de quelle affection vous y êtes entouré.

» Je vous remercie des prières que vous adressez au ciel pour ma famille et pour moi. »

III

Le costume et les insignes cardinalices.

Les cardinaux sont vêtus ainsi qu'on le sait, de drap et de soie écarlates.

Le plus ordinairement les cardinaux portent chez eux la soutane noire avec boutons, liserés et cordons rouge. L'envers de la queue est bordé d'un large ruban moiré.

Dans les cérémonies, ils portent la soutane de drap écarlate. Les jours de jeûne, et pendant le temps de l'Avent et du Carême, ainsi que pendant la vacance du Saint-Siége, ils revêtent la soutane violette, les évêques prenant alors la soutane noire.

La calotte est en soie ou en drap noir. Elle peut être également en velours. Le cardinal la porte en tout temps.

La barrette est rouge et toujours en soie. Elle reste dans le grand salon du cardinal, et en son absence elle est couverte d'un voile. La ceinture est rouge comme le reste du costume. Elle est frangée d'or ou mélangée d'or et de rouge. Les bas sont rouges. En grande cérémonie, les cardinaux portent les souliers rouges.

Le manteau (*cappa*) est en soie avec camail de moire rouge pendant l'été, pendant l'hiver il est en laine avec camail d'hermine. Au chœur, le costume du Cardinal est la mozette rouge. Il la porte quelle que soit la couleur de la soutane. La cape au contraire doit être de la couleur du reste du costume.

Les cardinaux ont droit, comme tels, à cinq sortes de chapeau qui s'emploient suivant les circonstances et dont l'usage est réglé par le cérémonial,

Ce sont : le chapeau ordinaire, le chapeau de cérémonie, le chapeau héraldique, le chapeau parasol et le chapeau pontifical.

Le chapeau pontifical est remis au nouveau cardinal par le Souverain-Pontife. Il est en drap rouge avec effilés de soie rouge sur quatre ou cinq rangs.

Les cardinaux ne doivent pas prendre le deuil de leurs parents.

FIN.

RENNES
IMPRIMERIE P. BAZOUGE FILS & Cie
15, rue de Viarmes, 15.

DU MÊME AUTEUR

EN PRÉPARATION :

RÉCITS

DE

L'HISTOIRE DE BRETAGNE

Cet Ouvrage paraîtra par livraison de 16 pages format in-8° raisin (un RÉCIT par mois), formant à la fin de l'année un magnifique vol. d'environ 200 pages.

ON TROUVE A LA MÊME LIBRAIRIE :

E. Jamet. — *Cours d'Agriculture théorique et pratique*, 1 vol. in-12... 2 5
— *Des Fraises et de leur culture*, 1 br. in-18.. 1
Malaguti. — *Cours de Chimie appliqué à l'agriculture*, 3 vol. in-12... 10
Lechartier. — *Cours de Chimie agricole* professé en 1874, 1 vol. in-12... 4
Quernest. — *Usages et Règlements locaux ayant force de loi dans le département d'Ille-et-Vilaine*, 1 vol. in-12. 2

D'Hozier. — *Armorial général ou Registres de la Noblesse de France.*
Guérin de la Grasserie. — *Armorial général de Bretagne*, orné de blasons coloriés, 1 vol. in-f°.
P. Potier de Courcy. — *Nobiliaire et Armorial de Bretagne* 3 vol. in-4°.
Toussaint de Saint-Luc (R. P.) — *Mémoires sur l'état du Clergé et de la Noblesse de Bretagne*, 1 vol. in-8°, avec blasons.
L. Briant de Laubrière. — *Armorial général de Bretagne*, 1 vol in-8°.
Ogée. — *Dictionnaire historique et Géographique de la province de Bretagne*, 2 vol. gr. in-8°.
Marteville. — *Histoire de Rennes*, 3 vol. in-12.
Brocéliande. — *Ses Chevaliers et quelques légendes*, 1 vol. in-8°
— *Le roi Audren, Monseigneur Saint-Yves*, légende, opuscule breton, in-8°.
H. de Fourmont. — *L'Ouest aux Croisades*, 3 vol. in-8°.

Rennes. — Imprimerie P. Bazouge fils et Cie.

www.ingramcontent.com/pod-product-compliance
Lightning Source LLC
LaVergne TN
LVHW051459090426
835512LV00010B/2236